Herstellung und Verlag:
Books on Demand GmbH, Norderstedt.
ISBN: 978-3-8370-42764
2. Auflage, 2010

Bibliografische Information der Deutschen Nationalbibliothek
Die Deutsche Nationalbibliothek verzeichnet diese Publikation in der
Deutschen Nationalbibliografie; detaillierte bibliografische Daten
sind im Internet über http://dnb.d-nb.de abrufbar.

Weitere Bücher, erschienen 2008:

Ausstieg, ISBN 978-3-8370-44874
AusBlick, ISBN 978-3-8370-83132

Gedanken und Gedichte
durch die Brille betrachtet

Inhaltsverzeichnis Blickwinkel

Heike Kessel,

1967 geboren in Düsseldorf, lebt in Hamburg,
schreibt ihre Eindrücke jedoch überall auf der Welt.
Besonders die Ferne lässt sie stets zurückkehren zu den
Tiefen der Seelen.
Ein Notizbuch ist ihr ständiger Begleiter.
Auf ihren vielen Reisen gibt es unzählige Gedanken, die
entdeckt und festgehalten werden wollen.

Gedanken und Gedichte
durch die Brille betrachtet

Mit diesem 2. Band möchte ich Sie mitnehmen, auf eine weitere Reise zu „Gedanken und Gedichten aus dem Alltag", diesmal *durch die Brille betrachtet.*

Unabhängig, ob Sie bereits im 1. Band „Ausstieg" gelesen haben oder hier einsteigen. Ich bin mir fast sicher, dass Ihnen manche Situationen bekannt vorkommen. Manchmal reicht es eine andere Brille aufzusetzen, damit Dinge mit einem neuen Blick betrachtet werden können.
Denn, nicht immer ist es tatsächlich so, wie es im ersten Augenblick aussieht.

Gerne leihe ich Ihnen meine „Sehhilfe", um Ihnen einen anderen Blickwinkel zu schenken.

Ich wünsche Ihnen viel Spaß bei der Betrachtung.

Herzliche Grüße

Ihre
Heike Kessel

Danksagung

Gedanken und Gedichte
durch die Brille betrachtet

Als ich vor wenigen Wochen meinen ersten Gedichtband veröffentlichte, dachte ich nicht so schnell eine Fortsetzung zu erstellen. Nicht nur der Erfolg des Ersten, sondern die vielen Betrachtungsweisen mit denen man das Leben nicht nur sehen, sondern auch leben kann, ließen einen Gedanken nach dem anderen folgen.
Speicherplatz im Kopf ist endlich. Wo sollte ich also anders hin damit, als es zu Papier und Ihnen bringen?

Ich danke dem Alltag für viele Momente, der mich auf nüchterne als auch teilweise verrückte Ideen bringt.

Ganz besonders möchte ich meiner Mutter Hanne danken, für die vielen Gedanken, welche sie in ähnlicher Weise wie mich beschäftigt haben und mir für dieses Buch zur Verfügung gestellt hat.

Heike

Gedanken und Gedichte
durch die Brille betrachtet

„Das Leben ist schön."
Sicher haben Sie diesen Satz schon gehört und sich
gefragt, wie man darauf kommt. Besonders, wenn Sie
in einer unerfreulichen Situation stecken.

Die meisten Menschen suchen nach Glück und innerer
Ruhe. Viel zu häufig lässt uns der Alltag vieles unwich-
tig erscheinen und gerät durch Stress und Hektik in
Vergessenheit. Dabei sind es oft gerade die kleinen
Momente, die das Leben ausmachen.

Mit diesem 2. Band lade ich Sie ein Situationen des All-
tags aus einem anderen Blickwinkel zu betrachten.
Setzen Sie einfach eine andere Brille auf.

Ihre
Heike Kessel

Offenbarung

Ein Gedicht zu schreiben erfordert Zeit und Mut,
ansonsten es wohl ein Jeder tut.
Es zeigt Deine Seele, die Stimmung, die Kraft,
was ebenso Freiraum für andere Dinge schafft.

Dies zu teilen mit Anderen ist nicht jedermann
Sache,
Du nicht möchtest, dass sie halten über Deine
Gedanken Wache.
Doch warum solltest Du es verheimlichen,
anpassen Dich still,
authentisch zu sein, ist es nicht das, was Jeder will?

Wer ein wenig Gespür hat für sich selbst und
ernst nimmt seine Gefühle,
wird nicht zulassen, dass sie untergehen im
Alltagsgewühle.
Sei offen zu Dir und Anderen gegenüber
unbedrückt,
Warmherzig- und Ehrlichkeit kehrt zu Dir ganz
sicher zurück.

Eine Wolke

Wenn ich eine Wolke wäre,
könnte ich leicht und weiß Figuren- und Lichtspiele in
den Himmel zeichnen,
an denen sich andere erfreuen könnten.
Oder sie könnten ihre Gedanken darin gleiten lassen.

Wenn ich eine Wolke wäre,
könnte ich alles mit Abstand von oben betrachten.

Wenn ich eine Wolke wäre, würde der Wind mich voran
und schwermütige Gedanken forttreiben.
Oder die Sonne könnte mich hell erstrahlen lassen.
Genauso könnte ich es einfach regnen lassen, wenn ich
zu voll wäre.

Wenn ich eine Wolke wäre,
wäre manches leichter.

Ich wünschte ich wäre eine Wolke.

Doch, wenn ich eine Wolke wäre, würde ich immer
wieder mit anderen Wolkenfronten zusammenstoßen
und es könnte heftige Gewitter geben.

So würde ich immer herumtreiben und nie zur Ruhe
kommen.
Ist es vielleicht doch nicht so gut eine Wolke zu sein?

Ich glaube ich bleibe hier unten,
so habe ich wenigstens eine Möglichkeit in Ruhe zu
strahlen.

Herzbrand

Es kam wie ein Feuerball.
    Obwohl nur ein Glimmen,
    breitete es sich schneller aus als zu ahnen war.
Man steht etwas abseits,
doch nah genug, um einzutauchen in der Glut.
    Spielt man bereits mit dem Feuer,
    wenn das Rot sich entfacht,
    wenn Herz und Seele sich erwärmen?
Halt   - Stop !
Du weisst nicht wieviel Wasser von Nöten,
um den Brand zu löschen.
    Sieh doch, das Schild:

    "Betreten auf eigene Gefahr"

Bewegungsunfähig

Ich habe heute eine Erkenntnis gemacht,
die ich bisher nicht in Worte fassen konnte:

Es ist nicht das Schwierigste und Schlimme,
dass wir manchmal negative Gefühle haben.
Es ist die Hilfslosig- und Bewegungsunfähigkeit
dem Gefühl gegenüber.

Zum Beispiel

　　　der Sehnsucht.

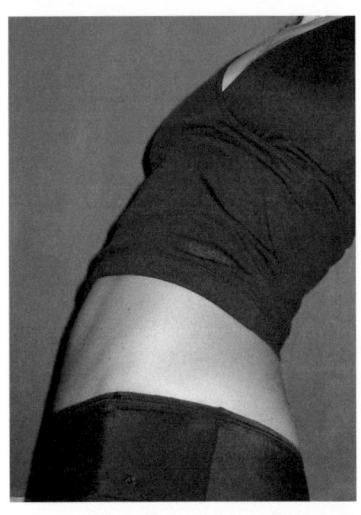

Lendenwirbel

Die Gedanken kreisen, sie stehen nicht still,
alleine zu sein, ist nicht das, was man gerade will.
Man wälzt sich von rechts nach links in den eigenen
vier Wänden,
die Lust ist deutlich zu spüren in den Lenden.
Sie gibt nicht nach, wird stärker, man denkt ständig
daran
und weiß nur zu gut, dass man es jetzt nicht haben
kann.

Mein bester Freund

Aus Freundschaft kam ich nicht zu Dir,
sondern Du holtest mich, um Dir treue Dienste zu leisten.

All Zeit bereit...
Stets zur richtigen Zeit werde ich sinngemäß hervor-
geholt,
immer fröhlich, gute Laune verbreitend,
ein Lächeln auf den Lippen hervorzaubernd,
bin ich jederzeit quasi griffbereit zur Seite,
damit Du in Deiner vollen Pracht glänzen kannst.

Ich werde voll gepumpt mit überschüssigem Ballast,
allem was Du anderweitig nicht einsetzen magst.
Vorher frisch und saftig
fühle ich mich nach Gebrauch schlaff und schleimig,
zu keiner weiteren Verwendung mehr fähig.

Dann schubst Du mich beiseite und siehst zu wie Du
mich los wirst.
Welch Lohn dafür,
dass ich Dir mit all meinen Qualitäten und in ganzer
Form zur Verfügung stehe.

Vielen Dank, mein ‚Freund'
(Dein Billy Boy)

Sternenhimmel
Untertitel: Nordlicht

Einst leuchtetest Du hell,
es passierte wohl manches zu schnell.
Zu Beginn ein wunderschönes Gefühl, ein Funkeln,
lies erstrahlen so manches aus dem Dunkeln,
leuchtete heller, tief und stark,
man es nicht zu glauben vermag.
Ich verliebte mich in diesen Stern am Himmel,
Gedanken, Gefühle im Bauch, nicht nur loses
Gedankengewimmel.
Er führte den Weg, gab die Richtung an,
dennoch, innerlich nahm ich ihn nicht 100%-ig an,
diesen Mann.
Versuchte Einfluss zu nehmen auf sein Sein
und wurde zur Last an seinem Bein.
Übersah sein Leuchten, seinen Glanz,
nahm ihm und mir dadurch oft eine Chance.
Der Himmel sank tiefer auf uns herunter,
Sterne können nicht strahlen, wenn sie nicht sind
munter.
Es fühlte sich an wie gefesselt und leblos,
als Ausweg sahen wir nur einen Trost:
Los zu lassen die Bindung des Stern,
doch fühlte ich damals schon: ich mache es ungern.
Heute weiß ich um Deinen Glanz, fühle ihn und 100%
in mir:
Du, der Stern, die Schönheit waren immer in Dir.

Wie geblendet ich war, Dir Unrecht ich getan mit
Gewohnheit,
ich wünschte, ich könnte wiedererlangen diese Zeit
zu zweit.
Ob ich Dich jemals wieder strahlen, leuchten sehe
für mich?
Du weißt es nicht, doch begleitest mich Tag und Nacht,
permanent, denn immer noch:

Du, mein Stern, ich liebe Dich!

Neuland

Gespräche haben an der Substanz gerührt,
Gefühle eine Zeit lang einfach mitgeführt,
unerfüllte Wünsche Dir die Luft abgeschnürt,
siehst Du nun wohin es Dich hat geführt?

Du stehst vor einem Scherbenhaufen,
viel zu lange bist Du weggelaufen,
musst Dich endlich bewegen und zusammenraufen,
denn nichts von dem Gewollten kannst Du Dir erkaufen.

Allein Du trägst Verantwortung für Tun und Handeln,
Dein Verhalten nur Du kannst umwandeln,
erlaube es mit Lust und Liebe anzubandeln,
denn im Leben lässt sich hierüber nicht verhandeln.

Versuche einen Schritt, den Du nicht kennst,
vielleicht eine neue Erfahrung, die Du **ANDERS** nennst,
Du Dir nie verzeihen wirst, wenn Du sie verpennst,
die Chance Neuland zu betreten, wenn Du erst einmal
nach vorne rennst.

Rosengarten

Lachen, brüllen, statt nach zu denken einfach
machen,
eintreten ins Hier und Jetzt, um im Leben aufzuwachen.

Ab und zu über den Schatten springen, die Brille
putzen,
Altersstarrsinn beiseite schieben, Sinne auch mal
anders nutzen.

Blumen gießen, den Staub der Rosen mit Wasser
abtupfen,
lass Dornen sprießen, wie wäre es mal mit Gänseblüm-
chen zupfen?

Eine Pusteblume ist das beste Beispiel für das
Leben,
kaum sind Blüten da, wieder weg
– so abwechslungsreich ist es eben.

Schon lange überfällig

Seit unendlich langer Zeit bist Du unzufrieden.
Mit dem Haltbarkeitsdatum Deiner Beziehung hast Du
längst übertrieben.
Du spürst, dass es einfach nicht passt,
doch diese Einsicht hat Deine Gedanken noch nicht
erfasst.

Es ist wie die goldene Uhr, die nachgeht.
Kostbar, wie ein Familienstück, oder Spinnengewebe,
was von der Wand her weht.
Das Antike macht sie und Dich zu einem wertvollen
Erben,
sich davon zu trennen hieße Abschied für immer,
gleich einem Sterben.

Also nimmst Du es hin und lächelst über Gedanken
an alte Zeiten,
während Du jagst hinterher den unerfüllbaren Zielen
und Weiten.

Was wird aus Deinen Träumen, wenn Du sie aufgibst?
Ein Überfall, über-fällig – also nicht nur für Dich auf-
schiebst?
Was wird aus Dir, aus mir, wer oder was fällt hier
herüber und über wen?
Wenn Du nicht siehst, dass Du die Ziellinie übertrittst
muss ich wohl gehen.

Zeitrechung
für Andrej

Du fragtest mich nach einem Gedicht,
ich kann es nicht schreiben ohne Inhalt und Gewicht.

Es kann nicht geschrieben werden auf ein erfragendes
Wort,
sondern Gedanken müssen fließen zur rechten Zeit und
Ort.

Ein Gedicht spiegelt wieder die innere Seele,
welche nicht zu ergründen ist durch bloße Befehle.

Es gibt wieder was Du oft nicht zu fühlen gewagst,
meist vor Anderen verheimlichen magst.

Offen legen...
so manches ist man sicher zu geben bereit,
doch eben alles zu seiner Zeit.

Kontrollmechanismus
Was wäre, wenn…..?

Was wäre, wenn ich mich Dir anvertraut hätte,
mich begeben in eine andere, völlig neue Stätte?

Was wäre, wenn ich mich hätte fallen lassen,
keine Angst gehabt vor dem Dunkel der Gassen?
Dir vertraut hätte, Tiefe durch *los lassen* zu geben,
ist es nicht das, wonach wir streben?

Was wäre, wenn ich von Anfang an gezeigt hätte
Stärken und Schwächen,
hättest Du versucht erlebte Verletzungen an mir zu
rächen?

Was wäre, wenn ich nicht hätte kontrollieren zu
versuchen,
gleich einem Anspruch nur Glück und Erfolg zu
verbuchen?

Was wäre, wenn ich Dich so wie Du bist angenommen
hätte?
Jetzt ist mir bewusst, Deine Liebe hätte ich erkannt,
jede Wette.

Was wäre, wenn ich tatsächlich mich einfach hätte
fallen lassen, wenn….?
Was hätte ich schon zu verlieren riskiert, denn…!

Neujahr

Statt zu schlafen hab ich sämtliche Dinge gemacht

heute Nacht,

als ob ein Anderer meinen Schlaf überwacht.

Fand keine Ruhe, konnte Gedanken nicht stoppen,

dabei dachte ich, tagsüber wäre es schon schwer

zu toppen.

Der eigene Anspruch stets mit allem *fertig* zu sein,

liegt mir im Blut, scheint MEIN zu sein.

Zu oft ich dabei vergesse auf mich zu achten,

es waren stets die Anderen, die an meine Gesundheit

dachten.

Damit soll Schluss sein im neuen Jahr,

ich wache über mich selbst, mache Vorsätze wahr.

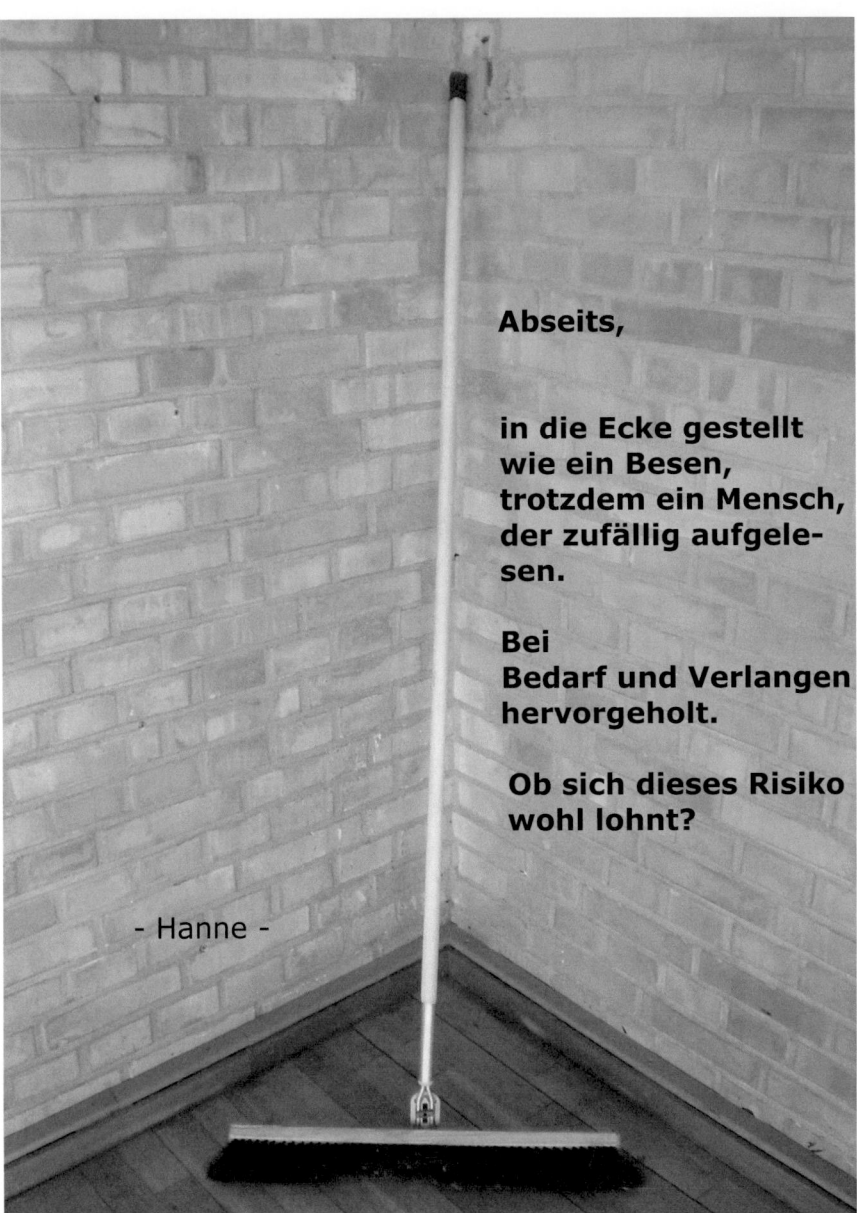

Abseits,

in die Ecke gestellt
wie ein Besen,
trotzdem ein Mensch,
der zufällig aufgele-
sen.

Bei
Bedarf und Verlangen
hervorgeholt.

Ob sich dieses Risiko
wohl lohnt?

- Hanne -

Gedanken zur Zeit,

eine Hand voll Glück

oder

der Lauf der Dinge

Die meiste Zeit verbringen wir damit zu suchen,
unser alltägliches Leben wir in der Regel verfluchen.
Wir verbringen Minuten, Stunden, gar Jahre
und fragen uns „ist es das Wahre"?

Bis plötzlich etwas passiert in unserem Leben,
wir spüren: dies würde uns Erfüllung geben.
Doch wie viel Mut gehört dazu Dinge zu verändern,
zu vollenden,
das Glück zu schöpfen mit beiden Händen…

Gedanken im Nebel

Eine Wolke, weiß wie Schnee,
doch eigentlich warm, denn nur gefüllt mit kalter Luft,
zeigt sie sich uns mal hoch, mal tief,
glitzern ihre Wasserkristalle durch Sonneneinstrahlun-
gen und lässt sie wie Zuckerwatte aussehen.
Ganz leicht, wie zum einfachen Verzehr geeignet.

Doch manchmal ist sie grau bis dunkel,
schiebt sich zäh durch das Himmelsfeld.
Wie dick und schwer verdaulich versperrt sie uns die
Sicht von oben und lässt keinen Blick zu bis auf den
Grund.

Was will sie uns damit sagen?
Dass unsere Blicke manchmal von Nebel umgeben
sind?
Dass wir einen Schritt zurückgehen sollen,
Abstand nehmen, um den Lauf der Dinge zu zulassen,
damit der Nebel sich in Ruhe auflösen kann und
   unsere Sicht wieder Freiraum für Weitblick genießt...

Wüstenweg

für Karin und Peter,
nicht nur zur Weihnachtszeit

Der Lebensweg ist wie ein Gang durch das Land,
meist Felder, Wald und Wiese man fand.
Und während man wandert durch die trockene Wüste,
hört man von einem Platz wo gestillt werden können die
Dürste.

Wie eine Fatamorgana man träumt von Wasser, Palmen
und Ruhe,
ein Ort, wo niemand einen treibt zu agilem Getue.
Die Sterne leuchten nicht immer den direkten Weg
dorthin,
doch wenn Du ihn erst gefunden, Du überglücklich bist,
dessen ich mir sicher bin.

Auch ich fand eine solch schöne Oase
– was hast Du mir nur angetan,
Du wunderschönes *Casa de los dos Buhos*
in Tepoztlan.

Kurz-  **sichtigkeit**

Glaubst Du an die Liebe auf den ersten Blick?

Liebe ist eine Entscheidung,
kein Gefühl und kein Geschick.
Sie hat mit Beständigkeit zu tun,
ein Blick reicht oft nicht aus, Du musst schon ruh'n.

Einen Schritt weiter

Und wieder ist ein Tag erwacht,
was hat er uns wohl mitgebracht?
7 Monate wir nun geschafft,
manch Tage uns ganz schön zusammengerafft.

Die Zeit mit Dir möchte ich nicht missen,
vielmehr wieviel folgen könnte würde ich gern wissen.

Will mich gerne weiter wagen,
„Hab Dich lieb", dass werde ich Dir sagen !

Telling Lies

Manche Menschen stehlen aus Habgier,
manche, um ihr Leben zu bereichern.

Manche Menschen lieben aus Einsamkeit,
manche, um ihr Leben zu bereichern.

Welche Lüge hast Du mir erzählt?

Gelogen wäre, wenn....

... ich Dir verheimlicht hätte wie ich fühle,
  ich musste heraus aus dem Gefühlslabyrinth,
  diesem Gewühle.

... ich bei Dir in trauter Geduld geblieben wäre,
  als wäre das Zusammensein die größte Ehre.

Dabei war es oft gleich einer Qual,
unfähig zu ändern, obwohl ich hatte selbst die Wahl.

Zulange habe ich es tapfer ertragen,
konnte und wollte eine Trennung nicht wagen.

Letzten Endes nur siegt die Wahrheit,
ist man bereit zu akzeptieren den Blick der Klarheit.

Gelogen wäre, wenn....

Blickwinkel

Mit erhobenem Kopf Du gehst umher,
möchtest darstellen Dich und noch viel mehr.
Gepaart mit Unruhe und –rast,
als ob Bedenken etwas zu verpassen Du hast.

Jedoch sieht wer hinguckt ganz genau,
egal, ob Mädchen oder Frau,
dass in Dir steckt so viel Elan,
was Dich entwickeln könnte zu einem Galan.

Zuweilen Du Unsicherheit an den Tage legst,
ist es das, warum Du Dich so bewegst?
Es tut nicht Not zu verstecken wie Du wirklich bist,
ich könnte mir denken:
Akzeptanz Deiner Person ist was Du tatsächlich
vermisst.

Fragst Du einen männlichen Beobachter, wie er Dich
sieht,
erfährst Du, wie Wahrnehmung ganz anders geschieht.

Ein Mann vermag dies nicht bei Dir zu erkennen,
bestimmt er würde es *MÄNNLICHKEIT* nennen.

Veränderung

Anfangs nur ein Freund, recht unverbindlich und fern
und doch: da hatte ich ihn auch schon gern.
Es wuchs die Beziehung: Erst langsam, bald tief,
was immer ohne Schwierigkeiten lief.
Man tastete sich scheu, mit Misstrauen heran,
konnte man vertrauen der Frau, dem fremden Mann?

Aber jetzt, nach dem Forschen Jahr um Jahr
ist mir, als ob ein Wunder geschah:
Ich fand einen Menschen, dazu noch einen Mann,
dem zum ersten Mal ich vertrauensvoll mich öffnen
kann;
der mich versteht und wohl auch mag,
wenn nicht nur Nettigkeiten ich ihm sag;
der nicht treibt groben Missbrauch,
wenn ich Schmerzen hab, mal im Kopf, mal im Bauch.

Diesem Freund und Mann,
jetzt vertraut und immer ganz nah
sag ich uneingeschränkt und von Herzen:

JA !

- Hanne -

Anspruch

Die Wochen sind verstrichen wie im Flug,
nicht alles in dieser Zeit war gut.
Mit manchen Schmerzen und Sorgen,
begann immer wieder ein neuer Morgen.

Doch auch sehr viel Schönes war dabei:
Ich wurde gerissen aus dem täglich Einerlei,
bekam einen Blick für Motive und Licht,
nur Licht für mich, das fand ich nicht.

Bin ich zu unbescheiden in meinem Leben,
zu hoch mein Anspruch an Dich im Nehmen?
Ich will nicht fordern, um einzuengen Dich,
möchte nur meinem Anspruch genügen, ganz für mich.

Offen bleiben immer wieder zu viele Fragen –
Keine Zeit bestehende Schwierigkeiten auszutragen....

- Hanne -

Dort drüben

Nun, da Du wieder zurück bist in Deiner anderen Welt,
es mir wie Schuppen von den Augen fällt:
wie wenig wir miteinander teilen,
Du kannst immer nur kurz hier verweilen.

Dort drüben ist Alltag, gepaart mit Spaß,
doch hier macht sich breit, immer größer der Hass.
Bei der Vorstellung von Schönheit und Charme,
dem ich so wenig entgegensetzen kann.

Viel Gemeinsames, Feiern und Feste,
das Feinste nur, von allem das Beste.
Worte, die gefallen sind bei mir,
gefallen sicherlich auch ihr...

Heile Welt, vollkommen nach außen,
innen so hol und leer – mich befällt ein Grausen.
Die Erde soll beben, töten trautes Idyll,
Eifersucht hier, bin machtlos gegen dieses Gefühl.
Es bohrt, es nagt, es frisst:

Ob nicht doch viel Gefühl dort drüben ist?

- Hanne -

Herbstliche Stille,

doch ein Tag voller Leben,
bestehend aus Trauer und Glück, Nehmen und Geben.

Mit Geständnis, Zweifel und Tränen verbunden,
endlich zum Preisgeben sich durchgerungen.

Welch eine Tiefe an Gefühlen, Empfinden,
Leidenschaft ohne Angst vor dem Binden.

Ein Tag voller Trauer, da nun er vorbei –
Fragen und Skrupel, im Moment ganz einerlei.

- Hanne -

Verbotene Liebe

Was ist die so genannte „verbotene Liebe"?
Die Gewissheit: ertragen zu müssen Seitenhiebe.
Man spricht über Familie, Heim und Frau;
das Echo beim Gegenüber interessiert da kaum.
Man kann mal ernst sein, gewiss,
hin und wieder ist's nett;
doch zuerst ist Frohsinn gefragt – und natürlich
das Bett.

Und wer dies nicht weiß oder will es nicht verstehen,
der lass den verheirateten Mann am besten gleich
gehen.
Denn kaum hat er verlassen den sündigen Ort,
fühlt er sich geborgen im heimischen Hort.
Hat er schon vergessen Gespräche und Bett,
denn was soll's: ein paar Stunden war's nett.
Zurückgebliebene Tränen, Trauer und Schmerz
bewegt kaum eines Mannes Seele und Herz.

- Hanne -

Von wegen, Kollegen...

6:30 h stehst Du auf,
dunkel draußen, doch Du bist gut drauf.
Machst Dich fertig, stylst Dich für den Tag,
mal sehen, was er so bringen mag.
    Von wegen, Kollegen...

Kaum hast Du das Büro ereilt,
die Laune wird gleich 2-geteilt.
Dein Eingangskorb zeigt Dir unzählige News,
was ist, wenn Du liegen lässt, die ‚To do's'?
    Von wegen, Kollegen...

Du dachtest, Du hättest verrichtet alles fertig und
richtig,
doch ein anderer Kollege hält sich für wichtig.
Spielt alleine in seinem Einzelteam,
verhält sich asozial, will nicht am gleichen Strange
ziehn'.
    Von wegen, Kollegen...

Er schleimt sich ein beim gemeinsamen Chef,
ganz schnell,
mit lautem Geplapper gleich einem Hundegebell.
Andere in die Pfanne zu hauen ist nicht Deine Art,
so hälst Du Dich zurück, ganz apart.
    Von wegen, Kollegen...

Du versuchst nicht mit zu spielen diese unschöne
Situation,
obgleich Du weißt: es ist unerträglich, viel zu lange
schon.

Länger aushalten tut der Seele nicht gut,
so musst zu zusammenraufen allen Mut.
     Von wegen, Kollegen...

Eines Tages Du setzt an zur Gegenwehr,
standhaft, Dir treu zu bleiben, fällt dabei schwer.
Doch der beste Weg ist anzupacken, etwas Anderes
zu tun,
anstatt langsam zu resignieren, in Starre zu ruh'n.

     Von wegen, Kollegen...

Barkeeper mix

If people are watching you it's visible you're in your element,
You don't waste time, just actions you spend.
You feel safe, show contents in your action,
A pleasure to notice as a real attraction.

Without hesitation you grab one of this, add a drop of sweet or sour,
To mix a cocktail goes fast and won't take an hour.
We all need a profession and have a task on earth,
No job can turn from bad to really worse.

If people would always follow their inner voice,
They wouldn't think about their job or if they have another choice.
If everybody would follow in life his role,
The world would have lots of serious specialists, but that's a big goal.

There wouldn't be the need to develop into doctors or engineers to educate,
There would be less competition between people which provoke.
Just to pass and keep in hands to show up the important exams,

because this test is more than to win the game back-gammon.

If we would have a mixed cocktail of individuals who feel inside strong and great,
Which don't doubt, catch up their profession, for what the development of the world is going to wait?

By doing what you enjoy to do,
Nobody can hit your knowledge, nobody can hit you.

Gefühle

Ein kostbares Gut in unserer Zeit,
sind selten geworden, man sucht weit und breit.
Ein jeder scheut sich, Gefühle zu zeigen,
stattdessen macht man sich Starre und Härte zu
eigen.

Errichtet Mauern um sich herum,
Gefühle sind lästig, weibisch und dumm!
Hat Angst vor der Umwelt, oh welch ein Pein,
wenn man nicht immer erfolgreich kann sein.
Man soll immer siegen, gefordert im Muss,
doch innen ist Abwehr, Ekel, Verdruss!

Die Seele ist leer, von Zweifel zerrissen,
will man denn immer Vertrauen und Gefühle
missen?
Man möchte heraus aus dem Panzer, dem Schrein,
will nicht starr, hart, doch erfolgreich sein.
Auch Mensch sein, empfinden und leben mit Herz,
Erdulden und tragen so manches mit Schmerz.
Freude empfinden, Lachen und Lust,
der Umwelt entgegen zum eigenen Schutz.

Ist dies nicht schöner, entgegen der Norm?
Doch wähle Dir selbst die eigene Form.
Und wenn Dir begegnet ein Mensch dabei,
dem auch nicht alles so einerlei,
sei dankbar und sorgsam trotz Alltagsgefühl,
aber tritt nicht mit Füßen das echte Gefühl.

- Hanne -

Sommerabend
oder
Wechselstube

Ruhe, Balkon, Kerzenlicht und die Frage ‚Warum'?
Man fühlt sich nicht nur einsam, sondern dumm.
Von den anderen Balkonen es dringt gemeinsames
Lachen,
warum können wir nicht das Gleiche machen?

Von weitem her man hört Flaschenkorken knallen,
schade, dass wir nicht in gleicher Laune wallen.
Statt dessen Du hast Dich entschieden zu gehen einen
anderen Weg,
ohne zu geben eine Chance, einen Verbindungssteg.

Uns Kennen zu lernen, gar neue Situationen, gab es
keine Möglichkeit,
denn viel zu wenig Ruhe und Zeit gab es zu Zweit.
Zwar sprachst Du von gemeinsamer Zukunft,
es wirkte wahrhaft schön bis hin zu Unvernunft,
als ob es keine Frage war des Ortes oder Raumes,
nun weiß ich der Wunsch danach war Vater dieses
Traumes.

Doch diesen Sommer werde ich nicht verbringen allein,
das Glück ist auf meiner Seite, ich nenn es **MEIN**.

Stunden nur

Stunden nur,
vorbeigerast und allzu schnell verflogen,
angefüllt mit Neuem, Schönem, dankbar alles aufge-
sogen.
Lang Vergessenes, gut empfunden, wieder hochgespült,
Einklang, Wärme, Zärtlichkeit, so stark gefühlt.

Stunden nur,
vorbeigerast und allzu schnell verflogen,
angefüllt mit Harmonie und Lachen,
wär's das Gleiche noch, wenn man könnt es öfter
machen?

- Hanne -

Nun?

Ich hoffe, es ist mir gelungen Ihnen zu zeigen, dass das
Leben mit anderen Augen betrachtet tatsächlich schön
ist.

Vielleicht sind Sie durch meine Worte wieder einen
Schritt weiter zu Ihrem Kern gekommen.

Willkommen im
„ICH"

Lassen Sie sich treiben und denken daran:

Das, was in uns steckt, tragen wir immer bei uns,
egal an welchem Ort.

Heike Kessel
© Hamburg, 2008
Books on Demand GmbH, Norderstedt

Vielen Dank,

dass Sie die Brille aufgesetzt haben, um mit mir Ihre Zeit zu teilen, in dem Sie die Welt der Gedanken und Gedichte aus einem anderen Blickwinkel betrachtet haben.
Behalten Sie diese weiterhin auf, um Dinge des Lebens aus einem positiveren Winkel zu sehen. Nicht des Schönredens wegen, sondern um das Schöne darin zu ent-decken.

In Band 3* erzähle ich Ihnen mehr darüber.

Ihre
Heike Kessel

* erhältlich seit Winter 2008

Raum für Ihre eigenen Notizen....

_____

_____

_____

_____

_____

_____